AF847367

Am Dro Gyda Maia

Maya's Walk

I Ian, Jack, ac Angus (M.B.)
I Tim, Amy, Darcy, ac Elsa — gyda hop, sgip, a naid! (K.G.)

For Ian, Jack and Angus (M.B.)
For Tim, Amy, Darcy and Elsa — hopping and skipping all the way! (K.G.)

Am Dro Gyda Maia

Maya's Walk

Ysgrifennwyd gan / Written by

Moira Butterfield

Darluniau gan / Illustrated by

Kim Geyer

Addasiad gan / Adaptation by

Nia Morais

RILY

Rydyn ni
wrth ein bodd
yn mynd am dro.

I ble'r awn ni heddiw?

We **love** walking.

Which walk will we choose today?

Ydyn ni'n barod?

Bant â ni!

Are we ready?

Let's go!

Gallwn ni chwilio am gyfrinachau bach ...

We can look for tiny secrets ...

Twll gan lindysyn mewn deilen flasus.

A hole a caterpillar made by munching on a juicy leaf.

Morgrug bywiog yn brysio heibio. I ble'r ewch chi, forgrug bach?

Busy ants scurrying past. Where are you going, little ants?

Planhigion pitw yn gwthio drwy'r pridd.
Tyfwch yn **FAWR** ac yn *gryf*!

Baby plants sprouting up.
Grow **BIG** and *strong*!

Gallwn ni deimlo gyda'n bysedd ...
Carreg fach siâp wy, sy'n llyfn ac yn oer.

We can feel things with our fingers ...
A round pebble that's smooth and cool, like an egg that's made of stone.

Y llinellau rhwng briciau'r wal,
fel lonydd bach garw.

The lines between the bricks on walls,
gritty and rough like little roads.

Glaswellt hir yn dawnsio
fel plu yn yr awel ...

The tips of tall feathery grasses
swaying in the breeze ...

Gallwn ni wrando ar synau ...

We can listen out for noises ...

Adar yn trydar.
Clychau'n canu.
Cŵn yn cyfarth ...

Birds singing.
Bells ringing.
Dogs barking ...

Pobl yn sgwrsio
Clecs, clecs, clecs
am hyn a'r llall.

People chatting
Chitter-chat-chat
about this and that.

Gallwn ni neidio dros linellau ...

We can jump over lines we find ...

Herc-herc-hercian.

Hop-hop-hopping.

Un.

One.

Dau.

Two.

Tri ...

Three ...

Dawnsio, prancio ar hyd y llwybr,
gan ganu a chlapio i'n curiad ni.

Dancing, prancing down the path,
singing and clapping to our beat.

Gallwn ni esgus bod yn anifeiliaid ...

We can copy animals ...

Dilyna fi!

Follow me!

Cwac,
cwac!

Quack,
quack!

Cathod yn sleifio. Gwenyn yn hymian.
Pa anifeiliaid eraill fyddwn ni?

Creeping cats. Buzzing bees.
What other animals could we be?

Gallwn ni sylwi ar bethau fry ...

We can spot things high above ...

Adar ar wifren,
yn agor eu plu.

Birds sitting on a wire,
fluffing their feathers in a row.

Ffenest uchel mewn to.
Pwy sy'n byw yno? Beth am ddyfalu?

A window high up in a roof.
Who lives there? We'll make a guess.

Cymylau'n hyrddio
trwy'r awyr.

Clouds scudding
across the sky.

Pa ots os daw y glaw?
Ar ôl y storm, gawn ni ...

If they drop raindrops we won't mind.
After rain, we might get ...

Enfys!
A rainbow!

Gallwn ni sylwi ar liwiau'r enfys ...

We can find some rainbow colours ...

glas
blue
porffor
purple
gwyrdd
green
fioled
violet

Gallwn ni arogli pethau hyfryd ...

We can sniff out lovely smells ...

Darn o laswellt
wedi'i wasgu yn dy law.
Blodyn fel persawr.

A blade of grass rubbed in your hand.
A flower that has a perfume scent.

Pridd sy'n llawn daioni'r ddaear,
Soil that smells of earthy goodness,

cartref clyd i'r mwydod.
a warm place for worms to live.

I ble bynnag yr awn, does dim ots gen i. Bod yn dy gwmni sy'n bwysig i fi!

Whatever we decide to do, the very best walks are walks with you!

Pan mae'n amser gwely,
i ble'r ei di yn dy freuddwydion?

When it's time to go to bed,
which walk will you dream of?

Tro nesa awn ni allan, i ble'r awn ni?
Caea dy lygaid a symuda dy fys.
Pwyntia i'r dudalen i ddewis i ni.

Next time we go outside,
which walk shall we try?
Shut your eyes and
wiggle your finger.
Point to the page
and choose for us.

Sylwa ar bethau fry uwchben

Spot things high above

Esgus bod yn anifail

Copy animals

Neidia, hercia, dawnsia

Jump and hop and dance

Sylwa ar liwiau'r enfys

Find rainbow colours

Moira Butterfield

Mae Moira Butterfield yn awdur ffuglen a ffeithiol i blant, ac mae ei gwaith wedi'i gyhoeddi ledled y byd. Cafodd Moira ganmoliaeth uchel gan Lyfrgell Cyngres yr Unol Daleithiau am ei gwaith, ac mae ei llyfrau wedi ymddangos ar y Cwricwlwm Cenedlaethol yn y DU. Mae Moira yn byw yng Nghaerfaddon.

Moira Butterfield is an author of fiction and non-fiction for children whose work has been published all around the world. She has been highly commended by the US Library of Congress for her work, and her books have featured on the National Curriculum in the UK. Moira lives in Bath, UK.

Kim Geyer

Dylunydd tecstilau oedd Kim cyn iddi ddechrau darlunio. Cyhoeddwyd ei llyfr lluniau cyntaf, *Go to Sleep, Monty*, yn 2015 ac ers hynny mae hi wedi darlunio llyfrau lluniau a ffuglen gradd ganol. Mae ei gwaith yn cyfuno gwaith llaw a gwaith digidol. Mae hi'n byw yn Llundain.

Kim was a textile designer before she started illustrating. Her debut picture book, *Go to Sleep, Monty*, was published in 2015 and she has since illustrated picture books and middle grade fiction. Her work combines hand-drawn and digital work. She lives in London.

Nia Morais

Awdur a dramodydd o Gaerdydd yw Nia, sy'n ysgrifennu am hunaniaeth, hud a lledrith, ac arswyd. Awdur mewn preswyl Theatr y Sherman 2022 yw Nia. Roedd Nia hefyd yn rhan o'r rhaglen Cynrychioli Cymru yn 2021 gyda Llenyddiaeth Cymru. Maen nhw'n ysgrifennu i blant ac oedolion.

Nia is a writer and playwright from Cardiff who writes about identity, magic, horror, and survival. Nia is the Sherman Theatre's writer in residence 2022, and was one of the first cohort of Literature Wales' Representing Wales programme in 2021. They write for both adults and children.

Cyhoeddwyd gan Rily Publications Ltd. 2022

Blwch Post 257, Caerffili CF83 9FL

Addasiad: Nia Morais

Cyhoeddwyd gyntaf yn y DU yn 2022 dan y teitl *Maya's Walk*
gan Oxford University Press, Great Clarendon Street, Oxford OX2 6DP

Mae Oxford yn nod masnach cofrestredig gan Oxford University Press.

ISBN 978-1-80416-304-7

Mae'r cyhoeddwr yn cydnabod cefnogaeth ariannol Cyngor Llyfrau Cymru.

Argraffwyd yn China

Mae'r papur a ddefnyddir i gynhyrchu'r llyfr hwn yn gynnyrch naturiol, ailgylchadwy wedi'i wneud o bren a dyfir mewn coedwigoedd cynaliadwy. Mae'r broses weithgynhyrchu yn cydymffurfio â rheoliadau amgylcheddol y wlad wreiddiol.

RILY
rily.co.uk

Hefyd ar gael

Also available